AF315271

NOTES

SUR

D'ANCIENS VOYAGEURS NORMANDS

RÉPONSE

AU DISCOURS DE RÉCEPTION DE M. FALLOY

PAR

M. Ch. DE BEAUREPAIRE

PRÉSIDENT

ROUEN

IMPRIMERIE DE ESPÉRANCE CAGNIARD

rues Jeanne-Darc, 58, et des Basnage, 5

1883

NOTES

SUR

D'ANCIENS VOYAGEURS NORMANDS

RÉPONSE

Au discours de réception de M. Falloy

PAR

M. CH. DE BEAUREPAIRE, Président.

———

MONSIEUR,

Nous n'avons en ce moment qu'à nous féliciter des circonstances qui vous ont entraîné, pour le service de la France, si loin de votre terre natale, de cette Bretagne à laquelle tout bon Breton reste attaché du fond du cœur, et dont il garde le souvenir avec une inviolable fidélité. Pendant bien des années, vous avez vécu avec nos marins. C'est donc en pleine connaissance de cause que, dans vos *Nouvelles maritimes*, vous avez rendu hommage à leurs mâles vertus, à leur droiture, à leur générosité, à ce courage éprouvé chaque jour par les périls de la mer, et qui leur fait jouer leur vie sans hésitation dès qu'il s'agit de porter secours aux naufragés. L'éloge que vous avez fait des matelots des côtes de la Bretagne et de la Normandie ne peut paraître exagéré à personne. Des faits connus de tous l'ont confirmé récemment de la manière la plus claire et la plus éloquente. Vos longs voyages vous ont aussi permis de visiter des régions bien différentes de celles que nous habitons, d'y observer des mœurs, des institutions qui ne doivent rien aux influences sous lesquelles se sont formées et développées celles des nationalités européennes.

> « Quiconque a beaucoup vu
> Peut avoir beaucoup retenu. »

Vous avez, Monsieur, beaucoup vu ; vous avez beaucoup retenu, et les récits que vous nous faites des contrées que vous avez parcourues, en même temps temps qu'ils servent à nous instruire, nous procurent une des plus saines et des plus agréables distractions que nous puissions désirer. Je voudrais borner mon rôle à vous remercier du plaisir que vous nous avez fait, ou plutôt je voudrais qu'il me fût permis de vous interroger et de vous amener à de nouveaux récits qui ne manqueraient pas, j'en suis sûr, d'être acueillics avec la même faveur que ceux dont nous venons d'entendre la lecture. Cette assemblée y gagnerait beaucoup, et moi, Monsieur, qui « n'ayant rien vu, n'ai rien à dire aussi , » j'échapperais à cette fâcheuse alternative, dans laquelle je me trouve placé, ou de parler pour ne rien dire, ou de parler à côté de la question. De ces deux termes le second me paraît le moins périlleux. Veuillez donc me pardonner si je m'écarte des sujets que vous avez traités avec une sûreté d'information à laquelle je ne saurais prétendre, et, puisque vous nous avez fait prendre goût aux voyages, permettez-moi de profiter de cette occasion pour rappeler ici quelques-unes des relations que nous devons à d'anciens navigateurs et voyageurs de ce pays.

Depuis longtemps les Normands ont couru toutes les mers. Il n'a jamais manqué, parmi eux, de négociants entreprenants, d'explorateurs audacieux, de marins intrépides ni de missionnaires dévoués. Aussi, dans la Bibliographie normande, les voyages occupent-ils une large place. Il y a nécessité de faire un choix, et ce choix j'ai dû le faire à la hâte, un peu au hasard, en me bornant aux quelques livres que j'avais sous la main.

Nous devons à M. d'Avezac la publication de la *Relation authentique du voyage du capitaine de Gonneville sur le navire* l'Espoir-de-Honfleur *aux nouvelles terres des Indes*, de 1503 à 1505; — à M. Pierre Margry *les Navigations françaises et la Révolution maritime du XIVe au XVIe siècle, d'après des documents inédits* et les *Mémoires et Documents pour servir à l'histoire des origines françaises des pays d'outre-mer;* — à un membre de notre Compagnie, M. Gabriel Gravier, *le Canarien, livre de la conquête et conversion des Canaries par Jean de Bethencourt, gentilhomme cauchois,* et le *Deuxième* *voyage du Dieppois Jean Ribaut à la Floride en 1565;* — à M. Julien Félix, un autre de nos confrères, *le Voyage à la Nouvelle France du capitaine Daniel, de Dieppe, en 1649.*

Les notices, les notes, les pièces justificatives qui accompagnent chacune de ces publications témoignent de l'érudition des éditeurs et de l'intérêt qu'ils ont attaché très justement à ce genre de documents.

Ce n'est là pourtant (ils seraient les premiers à le reconnaître) que le commencement d'un mouvement scientifique et littéraire qui ne peut manquer de devenir plus sensible de jour en jour, parce que l'attrait que nous ressentons présentement pour la géographie doit nous porter tout naturellement à en étudier l'histoire sous ses aspects les plus variés. Il n'y a donc pas lieu d'en douter, on ne s'en tiendra pas à la réimpression de livres qu'on avait considérés jusqu'ici comme des raretés propres à l'ornement d'une bibliothèque d'amateur. On demandera aux archives publiques, qui n'ont point encore livré tous leurs trésors, ce qui concerne nos missions et nos colonies, double titre d'honneur impérissable, malgré toutes les pertes que nous avons subies; on cherchera dans les archives des familles ces récits intimes, faits pour des enfants ou pour des amis, sous forme de lettres ou de mémoires, et qui offrent d'autant plus de charme qu'on les sait rédigés sans prétention.

C'est un récit de ce genre qu'un heureux hasard me fit rencontrer, il y a quelques années. Je m'en rendis acquéreur pour une somme modique, et je m'empressai d'en faire don aux archives de ce département.

Assurément Jean-François Doublet, l'auteur du récit auquel je fais allusion, ne songeait pas aux honneurs de la publication, quand, sur la fin de ses jours, il rédigeait ses mémoires et qu'il mettait au net ses journaux, en traçant de sa plus belle main ses cartes marines. Son style est des plus négligés; son orthographe des plus défectueuses : elle scandaliserait fort le plus médiocre des instituteurs de notre temps. Il était sur la mer et risquait sa vie sur les vaisseaux de l'Etat, à l'âge où nos enfants sont encore à l'école. Lorsque, de retour à Honfleur, sa ville natale, entouré des siens qui l'aimaient et le vénéraient, il se mit à travailler, comme il le dit, à son petit ouvrage, ce ne fut pas pour s'attirer des applaudissements (il y était parfaitement insensible), mais pour faire connaître à ses enfants, je me sers de ses expressions, «les grandeurs d'un Dieu tout puissant, auquel il avoit plu de lui donner les forces nécessaires pour soutenir tant de fatigues qui lui étoient arrivées dès sa tendre jeunesse jusqu'à la fin de ses voyages. » « Mes chers enfants et bons amis, c'est ainsi qu'il s'exprime au début de ses Mémoires, sur ce que vous m'avez témoigné de l'empressement que je vous laisse un recueil de tous mes voyages, adventures et hasards que j'ay encourus pendant l'espace de quarante-neuf années sur les éléments du vaste Océan, je me suis volontiers résous à vous donner cette satisfaction. Mais je vous réitère ma prière de ne pas m'exposer à la critique de ces beaux esprits qui ont leu quantité de belles relations, quoyque la plupart sont flattées et amplifiées. Je ne manquerois pas de tomber dans le ridicule par mes rapports simples et fidèles. »

Les enfants de Doublet respectèrent scrupuleusement sa volonté : ils gardèrent pour eux seuls les mémoires qu'il leur avait laissés. Mais un de ses compatriotes, M. Bréard, a pensé que le moment était venu de les mettre sous les yeux du public, sans crainte d'exposer Doublet au ridicule des beaux esprits. Il espère, et nous espérons avec lui que, si délicats que nous soyons devenus en fait d'arrangement de phrases, il se trouvera parmi nous nombre de curieux qui liront avec intérêt les récits des entrevues du bon capitaine de Honfleur avec le célèbre Jean Bart; de ses relations avec le fils de l'amiral Ruyter ; de ses expéditions et de ses découvertes ; qui lui sauront gré des renseignements qu'il fournit sur l'école d'hydrographie que l'abbé Denis tenait à Dieppe et d'où sont sortis quantité d'officiers de marine; qui trouveront enfin quelque charme dans la manière de conter de ce marin, inhabile en l'art d'écrire, mais qui rachète ce qui peut lui manquer de ce côté par une qualité inappréciable, la simplicité.

Cette qualité, qui n'est autre chose qu'une qualité du cœur se reflétant dans l'esprit, se fait plus particulièrement sentir dans deux passages de ces mémoires, l'un où il est question du changement de nom des Iles Brion, l'autre où sont rapportées les circonstances du débarquement en France de l'infortuné Jacques II.

Le nom de Madeleine avait été donné aux Iles Brion,

en souvenir de la mère de Doublet. Il y avait là de quoi flatter la vanité d'une famille. Le fait est rappelé en deux lignes, et comme une chose indifférente. Un roi détrôné, venant chercher asile en France, prêtait aux développements oratoires. Doublet fut un des rares témoins de cette scène assez extraordinaire : il la raconte en ces termes :

« Déjà depuis quelque temps l'on avoit armé plusieurs chaloupes des navires du Roy pour aller épier aux ports d'Angleterre s'il y auroit quelque remuement ou pour aider à sauver la Reine et le prince de Galles. M. Desvaux-Mimard, lieutenant des vaisseaux du Roy, me pria de m'embarquer avec luy dans la chaloupe qu'il commandoit. Il n'avoit qu'un bras, l'autre étant paralysé. Nous fusmes pendant la nuit aux Dunes, où je fus dans un café pendant une heure, que le bruit se répandit que le roy Jacques avoit pris la fuite, s'étant vu abandonné par son armée sur la nouvelle que le prince d'Orange avoit débarqué en Angleterre vers Torbay. Je fus en faire le récit à M. Mimard, et aussitost nous fit retourner vers nos côtes et nous attérismes à Ambleteuse en Picardie. Et dans le moment nous vismes une chaloupe anglaise très proche de nous qui abordoit au mesme lieu. Et lorsque ladite chaloupe toucha à terre, nous y remarquasmes quatre seigneurs dont à l'un d'iceux les autres, ainsi que les mariniers, portoient grand respect. Lorsqu'il voulut se débarquer, M. Mimard et moy nous nous mismes à l'eau jusqu'aux cuisses pour le recevoir. Mais un des officiers de sa chaloupe, s'étant mis à l'eau, le reçut à fourchet sur

son épaule, ayant la tête nue. M. Mimard lui soute-
noit une main, et lorsqu'il fut descendu pied à terre,
il demanda au s^r Mimard qui il étoit et son nom. Il le
luy dit, puis le Roy luy dit qu'il se souviendroit de
luy, et nous l'accompagnasmes à l'auberge où il
n'arresta que le temps qu'on luy apprestast des chevaux
de poste. »

Sous une autre plume que celle de Doublet, le fait
eût donné lieu à de longues réflexions. Je doute qu'elles
eussent valu la naïveté de ce récit.

Combien d'autres mémoires, également dignes d'at-
tention, sont aujourd'hui entre les mains de personnes
qui n'en soupçonnent pas la valeur !

Mais sans rien préjuger des découvertes qui nous sont
réservées, que de volumes, estimés autrefois, injustement dédaignés aujourd'hui, mériteraient d'être tirés de
l'oubli et réimprimés avec le soin, avec le goût que
nous apportons maintenant à la publication des anciens
textes, ce qui ne contribue pas peu à en rehausser la
valeur !

Nous citerons, en premier lieu, les diverses relations
de notre compatriote Paul Lucas.

Suivant les biographes, ce voyageur serait né à
Rouen, le 31 mars 1664. Fils d'un joaillier de cette ville,
joaillier lui-même, il voyagea d'abord, dans un but de
négoce, en Turquie, en Syrie et en Egypte. Son esprit
aventureux le porta à prendre du service dans les
troupes vénitiennes : il assista au siége de Négrepont, fit
la course contre les Turcs et revint en France vers
1696. Quelques années après, il retournait dans le Levant

pour le service du Roi, s'appliquait à la recherche des manuscrits, des pierres gravées et des médailles antiques. Dépouillé de ses collections par un corsaire, il ne perdit pas pour cela courage : il se remit en route et réussit à former d'autres collections qu'il rapporta en France et qui furent réparties par le Régent entre la Bibliothèque du Roi, le Cabinet du Roi et les Académies des Sciences et des Belles-Lettres. De nouvelles missions lui furent confiées par Louis XV en 1723. Après s'en être acquitté avec succès, il céda au désir qu'il avait de visiter l'Espagne : il s'y rendit, y reçut le meilleur accueil du roi Philippe V. Malheureusement, la mort le surprit à Madrid peu de temps après son arrivée dans cette ville, et avant qu'il eût pu tirer parti de son voyage.

En fait d'ouvrages imprimés, on connaît de Lucas son *Voyage au Levant*, 1704; son *Voyage dans la Grèce, l'Asie-Mineure, la Macédoine et l'Afrique*, 1710; son *Voyage dans la Turquie, l'Asie, la Sourie, la Haute et Basse-Égypte*, 1719.

Les biographies que l'on a écrites de ce voyageur sont toutes fort succintes : elles ont été rédigées sans informations suffisantes, comme la plupart de celles qui remplissent les dictionnaires historiques.

En attendant mieux, je consigne ici, pour l'usage de ceux qui voudront écrire l'histoire de notre compatriote, quelques documents inédits que j'ai pu me procurer.

Paul Lucas était fils de Charles Lucas et de Jeanne Noyon. Son véritable prénom était Paulin, bien qu'il ait constamment pris celui de Paul en tête de ses ouvrages. En 1720, il était domicilié sur la paroisse Saint-Germain-l'Auxerrois à Paris, et il est vraisemblable qu'il était alors logé au Louvre en qualité d'antiquaire du Roi, titre qui lui avait été conféré par Louis XIV et que Louis XV lui conserva. Il était, en même temps, maréchal-des-logis de Madame la Dauphine, autre titre qui, je le suppose, ne lui imposait aucune charge, mais qui lui permettait de figurer dans l'état des officiers de la maison de cette princesse avec des appointements dont le chiffre m'est inconnu. Il est à croire que les seuls services qu'il rendit à la Dauphine furent d'enrichir son cabinet, l'un des plus renommés de l'Europe, de raretés et de curiosités de toute espèce, et l'on voit, en effet, qu'il ne perdit pas de vue cet objet dans ses divers voyages.

Il épousa, le 20 avril 1720 (1), sa cousine Marie Rivière, fille de Philbert Rivière, officier au grenier à sel de Rouen, et de Françoise Arnault. Le mariage se fit en l'église de Saint-Martin-du-Pont, paroisse de Marie

____

(1) Dans les dispenses de bans qu'il obtint à l'occasion de son mariage, on lui donne quarante ans, ce qui ne permet pas d'admettre la date de naissance indiquée dans les dictionnaires biographiques. Mais il est à croire qu'il faut lire quarante et quelques années; autrement on ne comprendrait pas son service dans les troupes vénitiennes antérieurement à 1696. Je ne saurais dire s'il existait un lien de parenté entre notre voyageur et Thomas Lucas, ou la paroisse de Saint-Godard, nommé receveur des deniers communs de la ville de Rouen, le 4 novembre 1647, lequel était fils de Thomas Lucas, payeur des gages du Parlement, domicilié sur la paroisse Sainte-Croix-Saint-Ouen, et petit fils de Thomas Lucas, marchand à Rouen. — Tome 26 des Registres de délibérations de la ville de Rouen.

Rivière. Sa belle-sœur Jeanne Rivière épousa, au mois d'octobre 1728, Louis-Adam Loriot, inspecteur des bâtiments du Roi et architecte du domaine royal de Versailles, connu comme inventeur d'une sorte de ciment qu'il appliqua fort heureusement à la restauration de l'Orangerie de Versailles.

Guilbert, dans ses *Mémoires biographiques*, vante le style des Voyages de Lucas. Il le trouve naturel, facile et digne de la noble simplicité des écrivains du siècle de Louis XIV. L'éloge paraît mérité. Mais d'après quoi pourrions-nous juger de la part qui doit revenir à Lucas et de celle à laquelle pourraient prétendre Baudelot de Dairval, Fourmont, l'abbé Banier, que l'on dit avoir été ses collaborateurs? Quel qu'il soit, c'était, à n'en pas douter, un conteur agréable celui qui a écrit les pages où il est question des tentatives faites par notre voyageur pour obtenir du cadi d'Adama la permission de visiter la ville des Géants. Je regrette de ne pouvoir citer que les premières lignes de ce récit, qui rappelle les comédies de Molière :

« J'allai trouver le cady qui me reçut fort bien : je lui montrai mon firman, et lui offris mes services. La qualité de médecin du Roi de France (pardonnons à Lucas son innocente supercherie) est la meilleure que l'on puisse prendre dans les vòiages. On trouve partout des malades et surtout beaucoup d'ignorance dans les païs où je voyageois, et on y peut passer, comme partout ailleurs, pour bon médecin sans être fort sçavant dans la médecine. Cette science a cela de bon qu'elle ne perd pas par la mort d'un homme qui se porte bien le.

crédit qu'elle acquiert par la guérison d'un malade. Comme le cady avait quelques-uns de ses domestiques incommodez, il me pria de leur donner quelques remèdes et en demanda aussi pour luy-mesme; car quand on a le bonheur dans ces païs éloignez de trouver un médecin qu'on croit habile, on est presque fâché de se bien porter, ou du moins on croit avec leurs remèdes faire une provision de santé pour le temps qu'on sera privé de leur présence. »

Les renseignements fournis par Lucas sont des plus variés. Il s'est efforcé de contenter et même d'amuser toute sorte de monde. Pour ceux qu'il appelle *antiquaires*, il décrit les monuments les plus singuliers de l'Asie et de l'Egypte; il fait passer sous leurs yeux les ruines des villes fameuses de l'Orient. Pour les géographes, il note les heures qu'il a employées pour se rendre d'un lieu dans un autre; afin de permettre de fixer au juste la position des localités, il fait dessiner des cartes; il compare l'ancienne géographie avec la moderne, en s'aidant des avis des personnes les plus habiles. Pour le reste, qui forme le grand nombre, il parle des mœurs, des habillements, des coutumes qu'il a observés, en s'attachant principalement aux particularités négligées par ceux qui l'ont précédé. Il orne ses récits de morceaux d'histoire intéressants, tels que le séjour de Charles XII à Bender, une sédition arrivée au Caire, le martyre de quelques missionnaires en Ethiopie.

Je ne dois pas cacher que, dans le temps où Lucas publia ses relations, on le taxa de crédulité et de légèreté. Il se défend de ce double reproche, avec beaucoup de modération, dans la préface de son troisième voyage qui parut à Rouen, chez Robert Machuel, en 1719. La manière dont il se justifie nous porte à croire qu'on l'avait soupçonné d'ajouter foi à certaines traditions, qu'il avait rapportées, sans se mettre en peine d'en démontrer la fausseté. « L'histoire des opinions différentes des hommes, dit-il avec raison, pour être remplie d'extravagances, n'en est pour cela ni moins curieuse, ni moins intéressante. Chaque païs a ses fables, et les Grecs surtout paraissent encore aujourd'hui avoir pour elles la même vivacité qu'on leur a tant reprochée autrefois.

Nous sommes tous d'Athènes en ce point. »

Il ne m'appartient pas de défendre Lucas. Je ferai seulement observer que, dans le Précis des travaux de notre Académie de l'année 1806, l'abbé Baston a pris soin de venger la mémoire de ce voyageur. Il a prouvé de la manière la plus péremptoire qu'il avait été injustement attaqué par Bayle, et depuis par Voltaire et par l'auteur de la *Philosophie de la Nature;* qu'on lui avait fait dire non-seulement ce qu'il n'avait pas dit, mais le contraire de ce qu'il avait dit. L'attaque ne s'expliquerait-elle que par la mauvaise foi des critiques? Je ne le suppose pas. On peut admettre que l'on s'est trompé sur les sentiments de Lucas. En général ou cet auteur raconte simplement et sans réflexion, ou il raconte avec une sorte d'indifférence. Sa raillerie manque de fiel et de pointe; elle est parfois si légère qu'elle se fait à peine sentir : c'est un voyageur qui instruit et qui amuse ; il ne fait pas de leçon de philosophie.

Assez longtemps, avant Paul Lucas, les mêmes contrées qu'il décrit avaient été visitées par trois Rouennais, dont certainement il n'avait point perdu le souvenir, et dont l'exemple peut-être détermina sa vocation.

Je veux parler de Gilles Fermanel, de Robert Fauvel, sr de Doudeauville, et de Baudouin de Launay, tous trois unis entre eux par des liens de parenté et d'amitié ; ils s'associèrent avec un gentilhomme flamand, M. de Stochove, sieur de Sainte-Catherine, pour faire ensemble un voyage en Italie et dans le Levant, prenant la curiosité pour guide, et assez pourvus de numéraire pour ne point regarder à la dépense. Le voyage dura du 9 mars 1630 au 4 août 1632. Ils visitèrent une partie de l'Italie, les villes de Chio, Metelin, Smyrne, Gallipoli, Constantinople, où ils firent un assez long séjour ; Brousse, Ephèse, les îles de Pathmos, de Rhodes, de Chypre, Antioche, Bagdad, les ruines de Babylone, Tripoli, le Mont-Liban, Beyrouth, Saint-Jean-d'Acre, les lieux les plus célèbres de la Terre-Sainte, Damiette, le Caire et les Pyramides. Ils revinrent par Naples et eurent l'occasion d'observer le Vésuve, qui, dans une de ses plus terribles éruptions, venait de détruire la petite ville de Torre del Greco, et d'ensevelir sous ses laves plus de trois mille de ses habitants.

A son retour en Flandre, M. de Stochove donna au public une relation de ce voyage. Elle fut si favorablement accueillie du public qu'il en parut jusqu'à trois éditions. Ce succès engagea un libraire de Rouen, Antoine Ferrand, à en donner à son tour une édition, qu'il se flatta de rendre plus correcte et qu'il compléta à l'aide d'un manuscrit original de Robert Fauvel, où ce dernier avait décrit, pour son usage personnel, diverses curiosités remarquables que son compagnon avait négligées. L'ouvrage, tel qu'il parut à Rouen en 1664, peut donc être considéré comme appartenant à deux auteurs, M. de Stochove et M. Fauvel. La part qui revient à chacun d'eux pourrait être exactement déterminée par la comparaison entre les éditions belges et l'édition de Rouen. Je me contente de noter ici, pour les biographes futurs de Fauvel, qu'il fut reçu conseiller maître en la Chambre des Comptes de Normandie, le 19 juillet 1633, sur la résignation faite en sa faveur par M. Costé; qu'il s'était préparé à cet emploi en étudiant les finances à la Chambre des Comptes de Paris; qu'il exerça sa charge jusqu'à sa mort, arrivée le 16 septembre 1661; qu'il fut enterré le lendemain dans le chœur de l'église Saint-Denis, sa paroisse, où sa veuve, Françoise Mouflaine, vint le rejoindre le 8 décembre 1668. L'acte d'inhumation de cette dame porte la signature de Puchot, qui était le nom patronymique de cet ambassadeur de France à Constantinople, connu sous le nom de des Alleurs, chez qui Paul Lucas reçut un accueil cordial lors de son passage à Constantinople, et que Voltaire mentionne de la manière la plus avantageuse dans son *Histoire de Charles XII.*

Le voyage en Italie et au Levant n'est guère moins intéressant que ceux de Lucas. Le style en est aussi simple et aussi naturel. Certaines descriptions, comme celles de Délos, de Damas, des Pyramides d'Egypte, ne depareraient pas la prose des meilleurs écrivains du XVIIe siècle. Chateaubriand, dans son *Itinéraire de Paris à Jérusalem*, à propos de Zante, rappelle avec émotion ce qu'en avait dit son compatriote Jacques de Villamont, qui y avait passé en 1588. J'imagine que plus d'un voyageur de notre ville, en parcourant les contrées du Levant, se rappellerait avec le même plaisir ces vieux récits, que ne sauraient absolument remplacer ceux de nos voyageurs modernes.

Doublet était un officier de marine ; Paul Lucas un voyageur de profession à la recherche d'objets d'arts et d'antiquités ; Fauvel était un curieux qui avait voulu compléter par les voyages, à l'exemple de Descartes, l'instruction qu'il avait reçue au collège.

Je voudrais avoir le temps de parler d'un autre voyageur, plus digne d'être connu par l'intrépidité dont il fit preuve, par le but qu'il se proposa et par les conséquences de ses travaux. Je veux parler de Mgr de Berythe, dont la vie est en partie racontée dans deux ouvrages fort importants : la « *Relation du Voyage de Mgr de Berythe*, vicaire apostolique du royaume de la Cochinchine, par la Turquie et les Indes… jusqu'au royaume de Siam et autres lieux, publiée par M. de Bourges en 1666 ; » et la « *Relation des Missions et Voyages des Vicaires apostoliques et de leurs Ecclésiastiques, des années* 1672, 1673, 1674 et 1675. »

Parti de Paris le 18 juillet 1660, Mgr de Berythe

ne touchait au terme de sa route, Sijou-Thoyan, capitale de Siam, que le 22 août 1662.

Il lui avait fallu faire ce long et dangereux trajet à travers l'Asie, parce que notre marine ne faisait point encore d'expédition au-delà de Madagascar, dont le commerce était exploité par une compagnie trop faible pour oser s'avancer dans les mers des Indes. Faut-il le dire aussi, bien que ce ne soit pas à la gloire des nations chrétiennes, dont les divisions ont été si longtemps un obstacle à la propagation de la civilisation, le Portugal, qui comptait alors parmi les puissances maritimes, s'était montré très hostile à l'établissement de vicaires apostoliques français dans des contrées où il prétendait, sans titres valables et sans puissance pour les appuyer, faire accepter sa suprématie. On n'avait pas moins à se défier de la Hollande et de l'Angleterre, qui redoutaient, l'une et l'autre, dans l'intérêt de leur commerce, de voir s'établir des relations régulières entre la France et la Haute-Asie.

L'intrépidité de Mgr de Berythe et de ses compagnons déjoua, pour quelque temps du moins, les calculs de cet égoïsme de nations rivales. La relation de leur voyage, publiée par M. de Bourges, fit voir, comme le dit celui-ci dans son Epître au Roi, « que les Français peuvent vaincre les plus grandes difficultés par le courage et par la constance. »

Mgr de Berythe fut l'un des trois premiers évêques français qui furent envoyés en qualité de vicaires apostoliques dans la Haute-Asie, à la suite des longues et laborieuses négociations du célèbre missionnaire le

P. Rhodes. Il avait été sacré évêque à Paris en 1660, peu de temps avant son départ. Il mourut à Siam, au retour d'un pénible et périlleux voyage en Cochinchine, le 15 juillet 1679.

« Cet évènement douloureux pour les missions fit éclater au grand jour la haute estime dont Mgr de Berythe jouissait alors à si juste titre ; car toutes les nations qui se trouvaient alors à Siam, Français ou Portugais, Japonais ou Maures, amis ou ennemis, chrétiens ou idolâtres, tous voulurent se faire représenter à ses funérailles. Cette cérémonie se fit avec une pompe digne du prélat qu'on voulait honorer, et le chef des Talapoins de Siam voulut même s'y trouver présent (1). »

Cet homme, d'un si grand cœur, qui fit aimer et respecter la France dans des contrées où son nom encore était à peine connu, appartenait à notre province par sa naissance, et à notre ville par les fonctions qu'il y exerça pendant plusieurs années. Il était né à Lisieux, et il fut pendant dix ans conseiller à la Cour des Aides de Rouen, qui occupait alors cet élégant édifice, situé sur la place de la Cathédrale et connu depuis sous le nom de *Bureau des Finances*. Il avait résigné, en 1656, sa charge de conseiller pour aller occuper, à l'Hôpital général, au milieu des pauvres dont il avait fait ses premiers amis, un poste de charité et de dévouement, qui était devenu vacant par le décès d'un autre vénérable magistrat, M. Pierre Damiens, conseiller au Parlement.

Les lettres-patentes qui lui permirent de se qualifier,

(1) J.-F.-O. Luquet, *Lettres à Mgr. l'évêque de Langres sur la Congrégation des missions étrangères*, Paris, 1843, p. 74.

malgré sa démission, conseiller général en la Cour des Aides, le font connaître sous son véritable nom : il y est appelé Pierre Lambert, seigneur et patron de la Boissière. Il est plus souvent désigné sous le nom de M. de la Mothe-Lambert.

S'il fallait, Monsieur, vous suivre plus loin encore, en comparant le passé au présent, je pourrais m'aider de l'histoire du Japon composée par un Dieppois, le P. Crasset, et publiée en 1715.

Mais à quoi bon m'attacher à des faits dont je n'ai pu m'instruire qu'à la hâte ou tout simplement par passe-temps? Je n'ai déjà que trop sujet de craindre d'avoir abusé de la patience de ceux qui m'écoutent. Je me suis égaré dans des recherches que j'ai dû abandonner presque aussitôt après m'y être engagé, et je me suis écarté, de parti pris, mais peut-être témérairement, du sujet qui s'offrait à moi, et que tous, vous seul excepté, Monsieur, m'auraient su gré d'aborder.

J'aurais voulu raconter les scènes émouvantes de cet incendie de Macao, où vous payâtes si généreusement de votre personne; de ce naufrage de treize navires, dont les équipages, composés de soixante-deux hommes, durent la vie au secours que vous leur portâtes dans une frêle chaloupe, malgré une effroyable tempête; ou bien encore, car en restreignant ainsi mon sujet, il m'eût encore fallu faire un choix, de ce sauvetage que vous opérâtes, le 27 janvier 1860, et dont j'emprunte le récit, non pas à vos confidences, mais au rapport de l'amiral Hamelin, consigné dans le *Moniteur officiel* du 26 février suivant.

« Le 27 janvier dernier, le brick *Jules-César* entrait en relâche à Camaret par une mer très grosse en faisant des signaux de détresse. Grâce à l'initiative intelligente de l'aide-commissaire de la marine, M. Falloy (Louis-Eugène), chargé de l'administration du sous-quartier d'inscription maritime de Camaret, ce bâtiment put être conduit en sûreté au fond du port, à l'aide du concours de neuf hommes dévoués.

« Trois jours après, le 30 janvier, M. Falloy s'est de nouveau signalé par son zèle, son dévouement et son intrépidité à l'occasion du naufrage, sur les rochers du Pouldt, du trois-mâts hollandais *Maria-Elisabetha-Margaretha*. A la nouvelle de ce dernier sinistre, M. Falloy se rend sur le théâtre de l'événement, amenant avec lui vingt hommes environ; là il dirige les travailleurs, choisit le poste le plus dangereux, et avec cinq matelots dévoués parvient à arracher neuf Hollandais à une mort certaine. Roulé par la vague au milieu des roches, M. Falloy, blessé, court le risque de perdre la vie.

« La belle conduite de cet aide-commissaire dans les circonstances que je viens de retracer, l'exemple qu'il a donné, le courage dont il a fait preuve me paraissent de nature à mériter une marque de la haute bienveillance de Votre Majesté, que je prie de vouloir bien revêtir de sa signature le décret ci-joint qui nomme M. Falloy chevalier de l'ordre de la Légion d'honneur. »

Vous savez mieux que personne, Monsieur, pourquoi je me suis abstenu de m'étendre sur des faits aussi touchants et aussi honorables. J'ai trompé l'attente de mes confrères, mais vous me défendrez, si l'on m'accuse, en leur apprenant que j'ai dû me conformer à votre volonté. Je déclare, de mon côté, que je vous ai obéi sans trop de peine, parce que votre courage est suffisamment connu, et qu'en refusant un éloge qui n'eût rien ajouté à ceux que vous avez reçus, vous m'avez fourni l'occasion de rendre hommage à votre modestie.

www.ingramcontent.com/pod-product-compliance
Ingram Content Group UK Ltd.
Pitfield, Milton Keynes, MK11 3LW, UK
UKHW022345170726
13837UKWH00005BA/2434